Walther Ziegler

Hobbes
in 60 Minuten

Dank an Rudolf Aichner für seine unermüdliche und kritische Redigierung,
Silke Ruthenberg für die feine Grafik, Angela Schumitz, Lydia Pointvogl, Eva Amberger,
Christiane Hüttner, Dr. Martin Engler für das Lektorat
und Dank an Prof. Guntram Knapp, der mich für die Philosophie begeistert hat.

Aber, möchte jemand sagen, es hat niemals einen Krieg aller gegen alle gegeben! Wie, hat nicht Kain seinen Bruder aus Neid ermordet? [1]

Bibliografische Information der Deutschen Nationalbibliothek:
Die Deutsche Nationalbibliothek verzeichnet diese Publikation in der Deutschen
Nationalbibliografie; detaillierte bibliografische Daten sind im Internet über www.dnb.de
abrufbar.

© 2019 Dr. Walther Ziegler
Umschlaggestaltung und Grafik des gesamten Buches: Silke Ruthenberg
unter Verwendung von Illustrationen von:
Raphael Bräsecke, Creactive – Atelier für Werbung, Comic & Illustration (Zeichnungen)
© JackF - Fotolia.com (Bilderrahmen)
© Valerie Potapova - Fotolia.com (Bilderrahmen)
© Svetlana Gryankina - Fotolia.com (Sprechblasen)
Herstellung und Verlag:
BoD – Books on Demand, Norderstedt

ISBN 978-3-7481-0127-7

Inhalt

Die große Entdeckung von Hobbes

Thomas Hobbes (1588-1679) gilt als Begründer der politischen Philosophie. Er ist zweifellos einer der bedeutendsten Denker der beginnenden Neuzeit. Bis heute ist seine Staatstheorie ein wesentlicher Baustein unseres modernen Selbstverständnisses, und bis heute zitiert man auf der ganzen Welt seinen berühmten Satz „Der Mensch ist dem Menschen ein Wolf". Oder wie es Hobbes formuliert:

Der Mensch ist ein Wolf für den Menschen; [2]

Obwohl Hobbes diesen Satz bereits 1651, also vor fast 400 Jahren, niedergeschrieben hat, kennen wir ihn heute noch. Schon zu seinen Lebzeiten erregte er damit großes Aufsehen und erntete erbitterte Kritik, insbesondere von kirchlicher Seite. So wurden alle seine Schriften wegen Häresie verboten.

Dies verwundert nicht, denn er ist einer der ersten neuzeitlichen Denker und stellt sich radikal gegen das überlieferte Bild vom Paradies, von Adam und Eva und der Erschaffung des Menschen nach Gottes Ebenbild. Hobbes ist überzeugter Atheist und Anhänger der neu aufkommenden Naturwissenschaften. Das Universum sei, so Hobbes, wissenschaftlich betrachtet keineswegs Ausdruck eines genialen göttlichen Geistes, sondern erst einmal nur eine Ansammlung von physikalischen Körpern:

[...] das *Universum*, das heißt die gesamte Masse aller bestehenden Dinge, ist körperlich [...] und besitzt die Dimensionen der Größe, nämlich Länge, Breite und Tiefe. [3]

Daraus zieht Hobbes nun eine radikale Konsequenz:

> Und da das Universum Alles ist, ist das, was kein Teil von ihm ist, *Nichts*, und folglich *nirgends*. [4]

Entsprechend ist Gott, da er kein körperlicher Teil des Universums ist, den man mit Länge, Breite und Tiefe vermessen kann, ebenfalls „*Nichts* und *nirgends*". Als Hobbes nach seiner Vorstellung von Gott gefragt wird, antwortet er, dass kein menschliches Wesen, auch kein Theologe, in der Lage ist, sich irgendeine Vorstellung von ihm oder seinen Eigenschaften zu machen. Eben deshalb sei es an der Zeit, die Welt, den Staat und das Ziel des menschlichen Lebens, ohne Gott rein wissenschaftlich zu erklären. Hobbes widerspricht damit der mittelalterlichen Vorstellung vom „Gottesgnadentum" und versucht, der Menschheit erstmals eine logisch nachvollziehbare Theorie vom bestmöglichen Zusammenleben

im Staat zu geben. Dazu muss man zuallererst die
Natur des Menschen erkennen,

d.h. es muß richtig erkannt werden,
wie die menschliche Natur geartet
ist, wieweit sie zur Bildung des
Staates geeignet ist oder nicht [...]. [5]

Sein epochemachendes Ergebnis war, dass die
menschliche Natur letztlich nicht geeignet ist, einen
Staat zu bilden. Die Wolfsnatur des Menschen er-
schwert und verhindert das natürliche Zusammenleben und macht es am Ende sogar unmöglich. Doch
wie kommt Hobbes zu dieser pessimistischen Auffassung?

Hobbes ist ein Wunderkind. Schon mit vier Jahren
kann er lesen und schreiben, und noch in hohem
Alter, mit fast neunzig Jahren, übersetzt er die Ilias
von Homer ins Englische. Er studiert in Oxford, ist
mehrsprachig, arbeitet als Privatsekretär für Fran-
cis Bacon, lernt auf seinen Reisen Descartes und

den Universalgelehrten Galilei kennen. Insbesondere Galilei fasziniert ihn mit seiner damals revolutionären Theorie, wonach alle physikalischen Körper, einschließlich der Planeten, in ständiger Bewegung sind.

Er verhilft Hobbes damit zu seinem Kerngedanken. Wenn Galilei nämlich recht hat und alle physikalischen Körper in dauernder Bewegung sind und die Planeten ganz bestimmten Umlaufbahnen und physikalischen Gesetzen folgen, dann müssten doch auch die Menschen als physikalische Körper ganz bestimmten Antrieben und Bewegungsgesetzen folgen. Und tatsächlich entschlüsselt Hobbes die Ursache jeder menschlichen Bewegung:

Diese kleinen Anfänge der Bewegung [...] im menschlichen Körper [...] werden gewöhnlich *Streben* genannt. [6]

Entweder, so Hobbes, streben die Menschen danach, etwas zu bekommen oder sie streben danach, von etwas verschont zu werden:

> Was die Menschen begehren, *lieben*, und wovon sie Abneigung empfinden, *hassen* sie. [7]

Rein wissenschaftlich betrachtet besteht das menschliche Leben gemäß Hobbes nur aus zwei Bewegungen, entweder der Bewegung unseres Körpers auf etwas zu oder von etwas weg. Was wir lieben, begehren, wünschen und erstreben, suchen wir auf, was wir dagegen hassen, fürchten oder verabscheuen, meiden wir. Beide Bewegungen folgen aber letztendlich ein und demselben Ziel:

> Das erste Gut ist für jeden die Selbsterhaltung. Denn die Natur hat es so eingerichtet, daß alle ihr eigenes Wohlergehen wünschen. [8]

Die Menschen haben, so Hobbes, von Natur aus den Wunsch weiterzuleben und verfolgen daher ihr Wohlergehen. Da sie dieses nicht nur für den Augenblick sichern wollen, sondern auch zukünftig, am besten sogar ihr ganzes Leben lang, streben sie automatisch nach Macht. Denn sie benötigen diese zur Selbsterhaltung, um beispielsweise ihr Jagdrevier, ihre Ernte und Wohnstätte zu verteidigen:

> So halte ich an erster Stelle ein fortwährendes und rastloses Verlangen nach immer neuer Macht für einen allgemeinen Trieb der gesamten Menschheit, der nur mit dem Tode endet. [9]

Dieser anthropologische, also im Wesen des Menschen angelegte Machttrieb, ist moralisch nicht verwerflich, sondern gehört ebenso wie der Überlebenswille zur Naturausstattung des Menschen. Der Mensch kann nämlich gar nicht anders, als seine Macht zu vergrößern:

[...] der Grund hierfür liegt [...] darin, dass er [...] die Mittel zu einem angenehmen Leben ohne den Erwerb von zusätzlicher Macht nicht sicherstellen kann. [10]

Gäbe es keine Gesetze, Regeln oder Vorschriften, dann, so Hobbes, würden die Menschen ihrer Natur freien Lauf lassen, ihr Überleben sichern und dazu beständig ihre Macht erweitern wollen. Es käme zu einem gewalttätigen Konkurrenzkampf um knappe Güter. Einen solchen Zustand ohne Gesetze nennt Hobbes den „Naturzustand". Einige wilde Indianer leben, so Hobbes, immer noch in solchen gesetzlosen Gegenden ohne Polizei und Richter. Sie überfallen sich gegenseitig und verfügen, je nach Ausgang der Kämpfe, mal über mehr, mal über weniger Land und Pferde. Aber auch zivilisierte Menschen fallen, so Hobbes, jederzeit wieder in den Naturzustand zurück, sobald der Staat nicht mehr in der Lage ist, für Ordnung zu sorgen:

> Darauf zeige ich nun, daß der Zustand der Menschen außerhalb der bürgerlichen Gesellschaft, (den ich den Naturzustand zu nennen mir erlaube), nur ein Krieg aller gegen alle ist, und dass in diesem Kriege alle ein Recht auf alles haben. [11]

Da es im Naturzustand noch keinerlei Regeln oder Gesetze gibt, hat jeder das natürliche Recht auf alles, was er gerade begehrt. Doch genau diese zwei Momente, der natürliche Überlebenswille mit seinem Machtstreben und das natürliche Recht auf alles, führen zu einem ständigen und gefährlichen Streit:

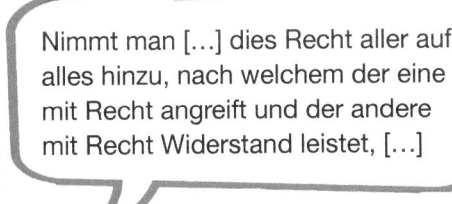

> Nimmt man [...] dies Recht aller auf alles hinzu, nach welchem der eine mit Recht angreift und der andere mit Recht Widerstand leistet, [...]

> so kann man nicht leugnen, dass der natürliche Zustand der Menschen, bevor sie zur Gesellschaft zusammentraten, der *Krieg* gewesen ist, und zwar [...] der Krieg aller gegen alle. [12]

Mit dieser These, dass der Naturzustand ohne staatliche Gesetze in einen „Krieg aller gegen alle" mündet, hat Hobbes über die Jahrhunderte hinweg Aufsehen erregt. Der Mensch, so sein Kerngedanke, ist nämlich von seiner Natur her nicht dazu geeignet, friedlich in Gesellschaft mit anderen zu leben. Erst die künstliche Gründung eines Staates mit Gesetzen, Polizisten und Richtern ermöglicht das Zusammenleben:

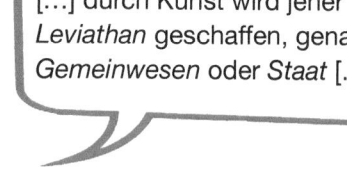

> [...] durch Kunst wird jener große *Leviathan* geschaffen, genannt *Gemeinwesen* oder *Staat* [...]. [13]

Die Herstellung des inneren und äußeren Friedens ist daher für Hobbes die wichtigste Aufgabe und zugleich die einzige Rechtfertigung der Existenz des Staates. Er muss stark genug sein, alle Individuen und Gruppen in Schach zu halten. Hobbes nennt den Staat deshalb „Leviathan", in Anlehnung an das gleichnamige biblische Ungeheuer, das laut Evangelium stärker und furchterregender war als jedes andere Wesen auf der Welt.

Sein Kerngedanke ist revolutionär und provokativ zugleich: Nicht unsere natürlichen Triebe und Instinkte sichern das Zusammenleben, sondern deren Unterdrückung und Hemmung durch den Staat. Hat er recht? Sind wir anthropologisch gesehen tatsächlich keine liebesbedürftigen, sozialen oder altruistischen Wesen, sondern eher machthungrige Überlebenskünstler und Egoisten?

Schützt uns tatsächlich nur die dünne Patina der Zivilisation vor unserer Wolfsnatur und einem Krieg aller gegen alle? Und wenn ja, was nutzt uns ein solcher Gedanke? Kein Zweifel – Hobbes provoziert bis heute.

Der Kerngedanke von Hobbes

„Homo homini lupus" – die Wolfsnatur des Menschen

Der Satz „*Homo homini lupus*", der Mensch ist dem Menschen ein Wolf, ist untrennbar mit Hobbes verbunden, obwohl er gar nicht von ihm selbst stammt. Hobbes hat ihn von dem weniger bekannten antiken Schriftsteller Maccius Plautus übernommen und in abgewandelter Form für seine eigene Theorie verwendet.[14]

Auf den ersten Blick könnte man den Satz so verstehen, dass man vor dem anderen Menschen immer auf der Hut sein sollte, weil er in seinem Inneren ein Raubtier, ein hungriger und moralisch enthemmter Konkurrent ist. Kurzum, der Mensch ist böse. Doch das trifft nur teilweise zu. Es ging Hobbes in erster Linie darum, aufzuzeigen, wie sich Menschen in einem völlig gesetzesfreien Raum verhalten, wenn es noch keinen Staat, keine Zivilisation und damit noch gar keine gesellschaftlichen Regeln für „Gut und Böse" gibt.

In einer anarchistischen und gesetzlosen Urgesellschaft geht es nämlich erst einmal nur um das nackte Überleben. Der Mensch ist nicht böse, er kann sich aber gar nicht anders verhalten, als für sein Überleben alles zu tun, was in seiner Macht steht. Dieser Selbsterhaltungstrieb ist natürlich und unproblematisch, solange jeder seine Nahrung sucht und verzehrt. Kritisch wird es allerdings, wenn zwei Individuen oder Gruppen ein und dasselbe Objekt begehren und beispielsweise das gleiche fruchtbare Tal sowie Land für den Ackerbau oder als Jagdrevier für sich beanspruchen. Streit kann es auch geben, wenn jemand in einer windgeschützten Höhle wohnt und ein anderer diese für sich will:

> Wenn daher zwei Menschen nach demselben Gegenstand streben, den sie jedoch nicht zusammen genießen können, so werden sie Feinde [...]. [15]

Der Mensch wird dann dem Menschen zum Wolf, aber nicht, weil er moralisch verkommen oder gar böse ist. Sein Selbsterhaltungstrieb und sein entsprechendes Handeln zwingen ihn dazu:

Die Begriffe von Recht und Unrecht, Gerechtigkeit und Ungerechtigkeit haben hier keinen Platz. [16]

Der Mensch tut im Naturzustand einfach das, was ihm seine Natur vorgibt, auch wenn wir uns das ungern eingestehen:

Manchem [...] mag es seltsam vorkommen, daß die Natur die Menschen [...] zu gegenseitigem Angriff und gegenseitiger Vernichtung treiben sollte [...]. [17]

Doch, so Hobbes, die Erfahrung lehrt uns, dass es sich genau so verhält. Dabei trifft die Natur selbst natürlich keine Schuld. Ihr können wir keinen Vorwurf machen, dass sie so ist, wie sie ist:

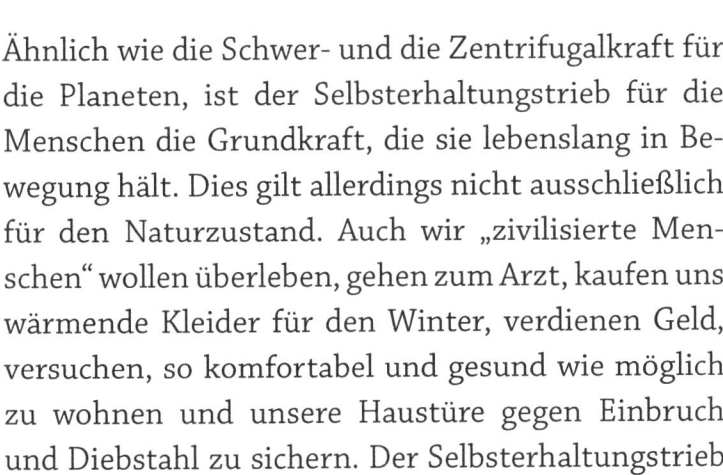

[…] keiner von uns klagt damit die menschliche Natur an. Die Begierden und anderen menschlichen Leidenschaften sind an sich keine Sünde. […] Handlungen sind es ebenfalls so lange nicht, bis die Menschen ein Gesetz kennen, das sie verbietet […]. [18]

Ähnlich wie die Schwer- und die Zentrifugalkraft für die Planeten, ist der Selbsterhaltungstrieb für die Menschen die Grundkraft, die sie lebenslang in Bewegung hält. Dies gilt allerdings nicht ausschließlich für den Naturzustand. Auch wir „zivilisierte Menschen" wollen überleben, gehen zum Arzt, kaufen uns wärmende Kleider für den Winter, verdienen Geld, versuchen, so komfortabel und gesund wie möglich zu wohnen und unsere Haustüre gegen Einbruch und Diebstahl zu sichern. Der Selbsterhaltungstrieb vollzieht sich aber im staatlich zivilisierten Zustand im Rahmen fester Eigentums- und Tauschregeln. Im Naturzustand gibt es dagegen noch keine Supermärkte, Mietverträge oder geregelte Einkommen. Die Bedürfnisse der Menschen prallen völlig ungeregelt und hemmungslos aufeinander:

> [...] wenn [...] zwei nach demselben Gegenstand streben, sind [sie] in Verfolgung ihrer [...] Selbsterhaltung [...] bestrebt, sich gegenseitig zu vernichten oder zu unterwerfen. [19]

Die Konkurrenz um knappe Güter ist aber nicht der einzige Grund, warum im Naturzustand der Mensch dem Menschen ein Wolf werden muss:

> So liegen [...] in der menschlichen Natur drei hauptsächliche Konfliktursachen: Erstens Konkurrenz, zweitens Mißtrauen, drittens Ruhmsucht. [20]

Mit Misstrauen meint Hobbes das Problem der Vernunftausstattung des Menschen und die damit verbundene strategische Vorteilsnahme, die wir beim anderen Menschen ebenso annehmen müssen wie bei uns selbst. Wir müssen im Grunde stets misstrauisch sein, denn wir konkurrieren im Naturzustand nicht nur um Gegenstände für das augenblickliche Überleben, also um Nahrungsmittel für den aktuellen Hunger und Durst, sondern immer auch schon um die Absicherung künftiger Bedürfnisse. Aufgrund dieser Eigenschaft sind wir als Menschen unerbittlicher als jedes Raubtier:

so [...] ist [...] der Mensch, den sogar der künftige Hunger hungrig macht, raublustiger und grausamer als die Wölfe, Bären und Schlangen [...]. [21]

Die Tiere sind zufrieden und schlafen, wenn sie genügend gegessen und getrunken haben, der Mensch hingegen bleibt angespannt:

> Der Grund hierfür liegt darin, […] sicherzustellen, daß seinem zukünftigen Verlangen nichts im Wege steht. Und deshalb gehen die […] Neigungen aller

> Menschen nicht nur darauf aus, sich ein zufriedenes Leben zu verschaffen, sondern auch darauf, es zu sichern. [22]

Zur Absicherung der Zukunft bedarf es der persönlichen Macht, alle Feinde in Schach zu halten und zu beherrschen:

> Und da folglich eine solche Vermehrung der Herrschaft über Menschen zur Selbsterhaltung eines Menschen notwendig ist, muß sie ihm erlaubt werden. [23]

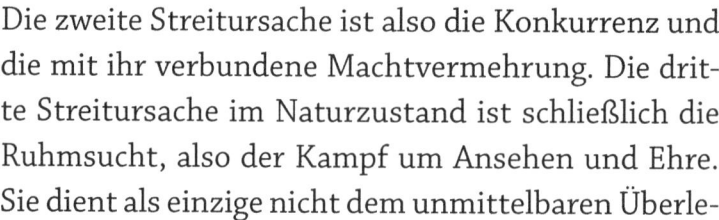

Die zweite Streitursache ist also die Konkurrenz und die mit ihr verbundene Machtvermehrung. Die dritte Streitursache im Naturzustand ist schließlich die Ruhmsucht, also der Kampf um Ansehen und Ehre. Sie dient als einzige nicht dem unmittelbaren Überleben. Hobbes erwähnt sie aber dennoch, da sie fest in der menschlichen Natur verwurzelt ist. Auch Nietzsche hat die Eitelkeit als ein so großes Gebrechen des Menschen bezeichnet, dass ihm wohl niemals Abhilfe zu verschaffen ist. Zum Streit um Ehre und Ruhm führen bereits

Kleinigkeiten, wie ein Wort, ein Lächeln, eine verschiedene Meinung oder andere Zeichen von Geringschätzung [...]. [24]

Neben diesen drei Streitursachen – Konkurrenz, Misstrauen und Ruhmsucht – gibt es aber im Naturzustand bei Hobbes noch einen übergreifenden strukturellen Grund, warum der Mensch dem anderen Menschen zum Wolf wird. Es ist die natürliche Gleichheit hinsichtlich unserer Körper- und Verstandeskräfte. Da alle Menschen über die gleichen Fähigkeiten verfügen, sehen auch alle eine Chance, ihre Bedürfnisse gewaltsam durchzusetzen. Hobbes weiß zwar, dass die Menschen bisweilen unterschiedlich groß und stark sind, doch spielen diese kleinen Abweichungen im Naturzustand letztlich keine Rolle:

Denn was die Körperstärke betrifft, so ist der Schwächste stark genug, den Stärksten zu töten – entweder durch Hinterlist oder durch ein Bündnis mit anderen [...]. [25]

Eine noch größere Gleichheit als bei den körperlichen Fähigkeiten gibt es, so Hobbes, unter den Geisteskräften. Einige haben zwar etwas mehr Redegewandtheit oder Witz als andere, letztlich aber besitzen alle doch gleich viel Verstand. Für diese Behauptung der gerechten Verteilung und Gleichheit der Verstandeskräfte unter den Menschen führt Hobbes einen recht originellen Beweis ins Feld. Es habe sich, so Hobbes, noch niemals irgendeiner beschwert, dass er von der Natur mit zu geringen Verstandeskräften ausgestattet wurde:

[...] es gibt gewöhnlich kein besseres Zeichen der gleichmäßigen Verteilung eines Dings, als daß jedermann mit seinem Anteil zufrieden ist. [26]

Die gleiche Verteilung der körperlichen und geistigen Fähigkeiten klingt zunächst erfreulich, eröffnet aber im Naturzustand eine zusätzliche Quelle des Streites und der Kampfbereitschaft:

Aus dieser Gleichheit der Fähigkeiten entsteht eine Gleichheit der Hoffnung, unsere Absichten erreichen zu können. [27]

Der „Krieg aller gegen alle" im Naturzustand

Es kommt, so Hobbes, zwangsläufig zum „Krieg aller gegen alle". Die Konkurrenz um Nahrung und sichere Wohn- und Schlafplätze lässt sich ebenso wenig beseitigen wie die Selbstverteidigung gegen aktuelle und künftige Übergriffe. Das natürliche Streben nach Machterweiterung und die angeborene Ruhmsucht sorgen dafür, dass wir selbst dann nicht zur Ruhe kommen, wenn wir das aktuelle und künftige Überleben einigermaßen gesichert haben:

Daraus ergibt sich klar, daß die Menschen [...] ohne eine allgemeine, sie alle in Zaum haltende Macht [...] sich in einem Zustand

befinden, der Krieg genannt wird, und zwar in einem Krieg eines jeden gegen jeden. [28]

Selbst wenn es einem Einzelnen mit viel Glück einmal gelingen sollte, durch Macht, List oder überragende Körperkräfte eine versteckte Höhle oder eine befestigte Einfriedung mit einem fruchtbaren Acker zu ergattern, kann er sich daran nur kurze Zeit erfreuen:

Daher kommt es auch, daß, wenn jemand ein geeignetes Stück Land anpflanzt, einsät, bebaut oder besitzt, [...] zu erwarten ist, [...] daß andere mit vereinten Kräften

anrücken, um ihn von seinem Besitz zu vertreiben und ihn nicht nur der Früchte seiner Arbeit, sondern auch seines Lebens und seiner Freiheit zu berauben. [29]

Es gibt also keinen Ausweg aus dem Kriegszustand, solange es keine Richter, Polizisten und Gefängnisse gibt, die das Ausleben der natürlichen Bedürfnisse und Leidenschaften begrenzen:

> In einer solchen Lage ist für Fleiß kein Raum, da man sich seiner Früchte nicht sicher sein kann; und folglich gibt es keinen Ackerbau, keine Schifffahrt, [...]

> keine Künste, keine Literatur [...] und es herrscht, was das Schlimmste von allem ist, beständige Furcht und Gefahr eines gewaltsamen Todes [...]. [30]

Hobbes kommt hinsichtlich des Daseins im Naturzustand zu einem klaren und prägnanten Ergebnis:

> [...] das menschliche Leben ist einsam, armselig, ekelhaft, tierisch und kurz. [31]

Bereits seine Zeitgenossen warfen Hobbes vor, dass er mit der Wolfsnatur, dem natürlichen „Krieg aller gegen alle" und dem „armselig kurzen Leben", bedingt durch gegenseitige Überfälle, ein viel zu negatives Bild vom Menschen zeichnen würde. Schließlich sei der Mensch doch auch ein soziales Wesen. So hatte beispielsweise die antike Philosophie eine erheblich positivere Meinung von der menschlichen Natur. Aristoteles stellte fest, „Anthropos zoon politikon physei estin", „der Mensch [ist] von Natur aus ein staatsbezogenes Wesen". [32]

Folgt man dieser Auffassung, dann hat der Mensch keine Wolfs-, sondern eine soziale Natur und entfaltet sich ganz natürlich in der Gemeinschaft mit anderen Menschen. Menschen, so Aristoteles, leben seit jeher in Gruppen und sind genau wie die Herdentiere von Natur aus friedliche Gattungswesen.

Hobbes widerspricht Aristoteles aufs Heftigste. Zwar bilden Bienen- oder Ameisenvölker tatsächlich auf natürliche Weise eine Gesellschaft, doch gilt dies eben gerade nicht für die Menschen:

Es ist richtig, daß gewisse Lebewesen wie Bienen und Ameisen gesellig zusammenleben [...]. Bei diesen Lebewesen unterscheidet sich das Gemeinwohl nicht vom Privatwohl [...]. Der Mensch dagegen, der es liebt, sich mit anderen Menschen zu vergleichen, kann nur an Außerordentlichem Geschmack finden. [33]

Während also Bienen und Ameisen alle ihre Güter teilen und keinerlei Wert auf ihr Privatwohl legen, etwa auf Privatbesitz an Honig, wollen sich die Menschen immer schon durch Kleidung, Wohnung und andere Güter unterscheiden. Der Grund dafür liegt, so Hobbes, in ihrer Naturausstattung, insbesondere der Sprachfähigkeit:

Obwohl diese Tiere auch in gewissem Maße die Stimme benützen können, um sich gegenseitig ihre Wünsche [...] zu erkennen zu geben, so fehlt ihnen doch diese Wortkunst, durch die es einige Menschen verstehen, anderen gut als böse und böse als gut hinzustellen [...]. [34]

Die Sprache ist also bei den Menschen anders als bei den Tieren ein recht gefährliches Werkzeug. Menschen können Komplimente machen, beleidigen, lügen, Gerüchte in Umlauf bringen und gegenseitig ihre Eitelkeit verletzen. Neben der Sprache ist der zweite problematische Unterschied die Vernunft. Während sich der Mensch mit Hilfe seines Verstandes immer schon Sorgen um die Zukunft macht, können die Tiere noch ganz und gar in der Gegenwart aufgehen:

Deshalb sind sie mit ihren Artgenossen nicht verfeindet, solange sie ungestört sind, während der Mensch dann am unleidlichsten ist, wenn er am meisten Muße hat. [35]

Aufgrund dieser und einiger weiterer Unterschiede kommt Hobbes hinsichtlich des Zusammenlebens der Tiere zu folgendem Ergebnis:

Die Übereinstimmung dieser Lebewesen ist natürlich, die der Menschen beruht nur auf Vertrag, der künstlich ist [...]. [36]

Hier formuliert Hobbes zum ersten Mal klar und deutlich seinen provokativen Kerngedanken. Während das friedliche Zusammenleben im Bienenstaat ein Werk der Natur ist, benötigen die Menschen dazu erst noch einen Kunstgriff. Und dieser Kunstgriff ist der Staat, der die Individuen voreinander schützt:

[...] durch Kunst wird jener große *Leviathan* geschaffen, genannt *Gemeinwesen* oder *Staat* [...]. [37]

Während sich die Tiere also auf ihre Natur verlassen können, müssen sich die Menschen vor ihrer Natur in Acht nehmen. Denn, so Hobbes, nicht unsere Primärtriebe sichern unser Überleben, sondern deren Brechung, Unterdrückung und Hemmung.

Das natürliche „Recht auf alles" – und warum wir darauf verzichten müssen

Im Naturzustand ist der Mensch noch völlig frei und genießt das uneingeschränkte natürliche Recht auf sämtliche Güter, die ihm attraktiv erscheinen:

> Die Natur hat jedem das Recht auf alles gegeben [...], so folgt, daß in dem Naturzustande jeder alles haben und tun darf. 38

Diese enorme Freiheit, jedem Bedürfnis nachgehen zu können, hat aber den großen Nachteil, dass dies unweigerlich zum Krieg aller gegen alle führt. Der Preis ist somit sehr hoch. Deshalb gibt es bereits im Naturzustand eine Reihe von sogenannten „natürlichen Gesetzen", die uns nahelegen, den Frieden zu halten und uns nicht ständig gegenseitig aufzureiben. Eines dieser „natürlichen Gesetze", die uns vernünftig erscheinen, lautet:

Suche Frieden und halte ihn ein. [39]

Dieses Gebot kann tatsächlich sehr sinnvoll sein. Es drängt sich den Menschen im Naturzustand geradezu auf, da sie tagtäglich spüren, wie anstrengend der ständige Kriegszustand ist. Ein zweites natürliches Gesetz lautet:

Quod tibi fieri non vis, alteri ne feceris. (Was du nicht willst, was man dir tu, das füg auch keinem andren zu). [40]

Auch dieses „natürliche Gesetz" ist eigentlich sehr naheliegend, da es allen Beteiligten – sofern sie sich daran halten – ein besseres Leben ermöglichen würde. Sobald nämlich niemand mehr dem anderen etwas antut, was er selbst nicht erdulden möchte, also beispielsweise gequält, bestohlen oder ausgeraubt zu werden, wäre das Leben zweifellos angenehmer. Die Menschen haben also durchaus bereits im Naturzustand erste, natürliche Ideen für ein besseres Zusammenleben. Das große Problem besteht nur darin, dass diese „natürlichen Gesetze" keine wirklich verpflichtenden Gesetze sind, an die sich alle halten müssen:

> Diese Weisungen der Vernunft werden von den Menschen gewöhnlich als Gesetze bezeichnet, aber ungenau. Sie sind nämlich nur Schlüsse oder Lehrsätze [...]. [41]

Im Zweifelsfall haben diese Schlüsse und Lehrsätze keine bindende Kraft. Dazu bedürfte es, so Hobbes, einer Zwangsmacht mit Richtern und Polizisten, die für ihre Einhaltung und Befolgung sorgen:

> Denn die natürlichen Gesetze wie *Gerechtigkeit, Billigkeit, Bescheidenheit*, [...]

kurz das Gesetz, *andere so zu behandeln, wie wir selbst behandelt werden wollen*, sind an sich, ohne die Furcht vor einer Macht, die ihre Befolgung veranlasst, unseren natürlichen Leidenschaften entgegengesetzt [...]. [42]

Fazit: Das natürliche Recht auf alles und das Ausleben aller Leidenschaften und Begierden bedeutet zwar die absolute und somit unbegrenzte Freiheit des Individuums. Diese absolute Freiheit wird aber mit ständiger Todesfurcht erkauft und somit als höchst bedrohlich empfunden. Daher haben die Menschen bereits im Naturzustand erste Ideen für Gebote, die den Kampf eindämmen. Aber es sind eben nur Ideen und somit bloße Worte:

[...] bloße Worte [...] besitzen nicht die Kraft, einem Menschen auch nur die geringste Sicherheit zu bieten. [43]

Wirkliche Sicherheit gibt es erst, wenn aus den Worten Gesetze werden. Genau das passiert mit der Gründung des Staates.

Der Gesellschaftsvertrag – die Geburt des großen Leviathan

Den eigentlichen Akt der Staatsgründung mit dem Verzicht auf die absolute Freiheit beschreibt Hobbes eindrucksvoll in folgender Passage des *Leviathan*:

Es ist eine wirkliche Einheit aller [...], als hätte jeder zu jedem gesagt: *Ich autorisiere diesen Menschen oder diese Versammlung von Menschen und übertrage*

ihnen mein Recht, mich zu regieren, unter der Bedingung, daß du ihnen ebenso dein Recht überträgst und alle ihre Handlungen autorisierst. Ist dies geschehen, so nennt man diese zu einer Person vereinigte Menge *Staat* [...]. [44]

Indem also jeder Einzelne auf sein natürliches Recht auf alles und seine willkürliche Machtausübung verzichtet, können die Menschen einen künstlichen Zustand erzeugen. Dieser hält ihre Wolfsnatur in Zaum und stiftet Frieden. Hobbes kommt angesichts der feierlichen Machtübertragung geradezu ins Schwärmen:

Dies ist die Erzeugung jenes großen *Leviathan*, [...] jenes *sterblichen Gottes*, dem wir [...] unseren Frieden und Schutz verdanken. [45]

An die Stelle des Krieges aller gegen alle tritt das geregelte Zusammenleben. Die Übereinkunft, gemeinsam auf das „natürliche Recht auf alles" zu verzichten, ist rein pragmatisch gesehen, sehr vernünftig und sinnvoll. Wenn man sich aber die anthropologische Grundannahme von Hobbes vor Augen führt, stellt sich die Frage, ob hier nicht ein innerer Widerspruch vorliegt. Warum sollen sich die von Natur aus egoistischen und machtorientierten Wolfsnaturen auf einmal vernünftig darauf einigen, ihre Macht abzugeben? Hobbes stellte sich selbst diese Frage und beantwortete sie folgendermaßen:

Die Menschen, die von Natur aus Freiheit und Herrschaft über andere lieben, führten die Selbstbeschränkung, [...] unter der sie [...] in Staaten leben, letztlich allein mit dem Ziel und

der Absicht ein, dadurch für ihre Selbsterhaltung zu sorgen, und [...] dem elenden Kriegszustand zu entkommen [...]. [46]

Damit bleibt Hobbes im Wesentlichen seiner Argumentationslinie treu. Der Mensch ist primär von seinem Selbsterhaltungs- und Machtwillen angetrieben und auch der Vertragsschluss und die Staatsgründung sind kein wirklicher Akt der Vernunft, sondern ergeben sich aus diesem Selbsterhaltungswillen, genau genommen aus der Todesfurcht:

Die Leidenschaften, die die Menschen friedfertig machen, sind Todesfurcht, das Verlangen nach Dingen, die zu einem angenehmen Leben notwendig sind [...]. Und die Vernunft legt die geeigneten Grundsätze des Friedens nahe [...]. [47]

Interessant an den Ausführungen zum Vertragsschluss ist an dieser Stelle auch die Formulierung „als hätte jeder zu jedem gesagt":

Es ist eine wirkliche Einheit aller [...], als hätte jeder zu jedem gesagt: *Ich [...] übertrage [...] mein Recht, mich zu regieren, unter der Bedingung, daß du [...] ebenso dein Recht überträgst [...].* [48]

Hobbes deutet mit der Verwendung des Konjunktivs an, dass der Vertrag vielleicht niemals genau so formuliert und abgeschlossen worden ist und vielleicht auch in Zukunft niemals so abgeschlossen wird. Allerdings wäre ein solcher Vertragsschluss die einzig logische Begründung für die Rechtmäßigkeit des Staates. Man spricht deshalb in der Hobbes-Forschung von einem „hypothetischen Vertrag". Auch Hobbes selbst räumt ein, dass es den von ihm beschriebenen Staatsvertrag und Naturzustand niemals auf der ganzen Welt gab:

> Vielleicht kann man die Ansicht vertreten, daß es eine solche Zeit und einen Kriegszustand wie den beschriebenen niemals gab, und ich glaube, dass er so niemals allgemein auf der ganzen Welt bestand. Aber es gibt viele Gebiete, wo man jetzt noch so lebt. [49]

Hobbes verweist an dieser Stelle darauf, dass es in einigen unzivilisierten Regionen immer noch das Recht auf alles gibt und sich dort Gruppen, wie zum Beispiel verschiedene Indianerstämme, in einer Art Naturzustand bekriegen, doch darauf kommt es ihm nicht an. Es geht ihm vielmehr um die Schlüssigkeit seiner Argumentationsfigur: Die Menschen verlassen den Naturzustand, indem sie vertraglich vereinbaren, dass sie künftig auf das natürliche Recht auf alles, auf Selbst- und Lynchjustiz verzichten und nicht mehr rücksichtslos ihre Interessen verfolgen, sondern sich an die Gesetze der machthabenden Autorität halten.

Die Hauptaufgabe dieser machthabenden Autorität und ihre einzige Legitimation besteht logischerweise dann darin, das friedliche Zusammenleben sicherzustellen, damit jeder Bürger seine eigenen Glücksvorstellungen und Interessen verwirklichen kann. Diese Argumentationsfigur beziehungsweise Staatskonstruktion von 1651 entspricht im Kern bereits unserem modernen Konzept des marktwirtschaftlich organisierten Rechtsstaates, der seinen Bürgern die freie Selbstentfaltung innerhalb gesetzlicher Spielräume ermöglicht.

Der Staat als Garant
des Zusammenlebens

Erst der Staat mit seinem allgegenwärtigen Machtmonopol sorgt für ein friedliches Zusammenleben
und blühende Landschaften. Ein bis heute faszinie-
rendes Bild hierfür hat Hobbes bereits 1651 als Titel
für seinen *Leviathan* drucken lassen.

Man sieht den Souverän mit einem Schwert in der
rechten und einem Bischofsstab in der linken Hand.
Er hält damit symbolisch sowohl die weltliche als
auch die religiöse Macht in seinen Händen. Weit und

breit ist kein Heerführer, kein Adeliger oder Bischof zu sehen. Denn niemand verfügt auch nur annähernd über eine vergleichbare Machtfülle. Am oberen Bildrand, über der Krone, steht in Kursivschrift:

> *Non est potestas Super Terram quae Comparetur ei. – (Keine Macht auf Erden ist der Seinen vergleichbar.)* [50]

Das ist Hobbes sehr wichtig. Sobald nämlich einzelne Bürger oder Gruppen, wie etwa die Mafia, religiöse Eiferer oder Bürgerkriegsparteien, selbst Macht ausüben oder mehr Einfluss haben als der Souverän, kann dieser die Einhaltung der Gesetze und die Sicherheit der Bürger nicht mehr gewährleisten. Die Bürger müssen sich dann wieder selbst verteidigen und sind nicht mehr an den Staatsvertrag gebunden:

> Die Verpflichtung der Untertanen gegen den Souverän dauert nur solange, wie er sie [...] schützen kann [...]. [51]

Wenn der Souverän also die Untertanen nachhaltig schützen will, benötigt er das absolute Machtmonopol. Deshalb hat Hobbes den Souverän als gigantische Männergestalt dargestellt, die alle Äcker, Berge und Städte bei weitem überragt. Eine Art Kettenhemd oder Schuppenpanzer scheint ihn gegen Angriffe zu schützen. Schaut man jedoch genauer hin, erkennt man im Detail, dass es sich dabei keineswegs um geschmiedete Glieder eines Kettenhemdes handelt, sondern um lauter kleine Menschen, die alle ihr Gesicht und ihre Gestalt zum Haupt des Souveräns hin ausrichten.

Damit will Hobbes verdeutlichen, dass die Bürger je selbst den Körper des Staates bilden, indem sie sich vertraglich zusammenschließen und so gemeinsam den Herrscher erzeugen. Allerdings wird das Haupt des Herrschers nicht mehr von den Bürgern ausgefüllt. Es bleibt frei, denn der Herrscher soll, wenn er erst mal eingesetzt ist, über den Interessen aller einzelnen Bürger und Gruppierungen stehen und unabhängig von jeder Beeinflussung gerechte Gesetze machen.

Das Bild zeigt aber zugleich die einseitige Ausrichtung der Bürger zum Machtzentrum hin und damit die Asymmetrie zwischen Herrscher und Beherrschten. Tatsächlich beschreibt Hobbes die Rechte des Herrschers im Unterschied zu den Rechten der Bürger äußerst einseitig:

Und wenn diese Souveränität wahrhaftig und tatsächlich übertragen wird, ist der Staat oder das Gemeinwesen eine absolute Monarchie, in der es dem

Monarchen freisteht, sowohl über seine Nachfolge als (auch) über den Besitz zu bestimmen, und kein Wahlkönigtum. [52]

Auch bei der Gesetzgebung hat der Souverän völlig freie Hand:

[…] nur der Staat schreibt die Beachtung jener Regeln vor, die wir Gesetz nennen […]. Aber der Staat ist nur durch seinen Souverän […] handlungsfähig, und deshalb ist der Souverän

der alleinige Gesetzgeber. […] niemand außer dem Souverän kann ein erlassenes Gesetz aufheben. [53]

Die Bürger können keine Gesetze aufheben oder ändern. Sie haben keinerlei Einfluss auf die Gesetzgebung. Der Souverän hingegen bleibt absolut frei:

Der Souverän eines Staates […] ist den bürgerlichen Gesetzen nicht unterworfen. [54]

Bereits von seinen aufgeklärten Zeitgenossen wurde Hobbes kritisiert, dass er in seiner Staatskonstruktion das Volk völlig dem Souverän ausliefern würde. Es könne ihn nicht mal dann absetzen, wenn er miserabel regiert. Hobbes selbst thematisiert diesen Vorwurf und versucht ihn zu entkräften:

Und obwohl man sich vorstellen kann, daß eine so unbeschränkte Gewalt üble Folgen hat, so sind doch die Folgen des Fehlens, nämlich der beständige Krieg eines jeden gegen seinen Nachbarn, viel schlimmer. [55]

Was nutzt uns die Entdeckung von Hobbes heute?

Nicht unsere Natur, sondern deren Brechung ermöglicht das Überleben. Hat Hobbes recht?

Was nützt uns Hobbes heute noch? Sein Bild vom absoluten Staat ist für uns wenig attraktiv und im Grunde indiskutabel. Die Bürger haben in Hobbes' Staatsentwurf keine Möglichkeit, sich gegen Übergriffe des Staates zu schützen. Weder ist die Amtszeit des Souveräns begrenzt noch kann man ihn abwählen. Auch gibt es bei Hobbes keine unabhängigen Richter und beispielsweise kein Verfassungsgericht, bei dem man Klage einreichen kann, wenn die Regierung übergriffig wird und sich nicht an die Verfassung hält. In seiner Sorge, dass der Staat die zur Friedenssicherung notwendige Autorität verlieren könnte, hat Hobbes den Souverän zweifellos zu mächtig konzipiert, eben als „Leviathan", als ein Ungeheuer. Damit ist er aus heutiger Sicht weit über das Ziel hinausgeschossen.

Wie sieht es aber mit seinem eigentlichen Kerngedanken aus? Werden die Menschen bei Abwesenheit aller Gesetze, Normen und Institutionen tatsächlich für ihre Mitmenschen zum Überlebensrisiko? Benötigen wir den Staat, um unser Zusammenleben zu organisieren und uns voreinander zu schützen? Und, fallen wir tatsächlich in den Naturzustand und den „Krieg aller gegen alle" zurück, wenn der Staat seine Autorität verliert?

Diese Frage ist empirisch schwer zu beantworten. Hobbes selbst führt als Beweis die chaotischen Verhältnisse in Bürgerkriegen an:

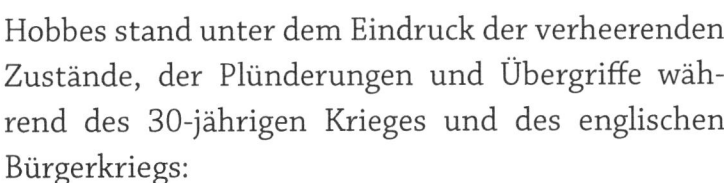

[...] man kann die Lebensweise, die dort, wo keine allgemeine Gewalt zu fürchten ist, [...] aus der Lebensweise ersehen, in die solche Menschen [...] in einem Bürgerkrieg abzusinken pflegen. [56]

Hobbes stand unter dem Eindruck der verheerenden Zustände, der Plünderungen und Übergriffe während des 30-jährigen Krieges und des englischen Bürgerkriegs:

> Denn die Wurzel [...] alles Unglücks [...] ist der Krieg, vornehmlich der Bürgerkrieg; aus ihm entspringen Mord, Verwüstung und Mangel an allen Dingen. [57]

Zweifellos findet man in der Geschichte noch viele weitere Beispiele für dunkle Zeiten, in denen keine staatliche Macht für Ordnung sorgte, also kein „Leviathan" da war, der die Wolfsnatur der Menschen in Zaum hielt. So haben Kreuzritter fern der Heimat ganze Städte gebrandschatzt, Soldaten während der Weltkriege die Kriegswirren ausgenutzt, um zu plündern und zu vergewaltigen. Selbst wenn es sich hierbei um Einzelfälle oder zumindest nicht um die Mehrheit der Kreuzritter und Soldaten handelte, bleibt doch die Tatsache bestehen, dass rechtsfreie Räume, in denen keine Strafe zu erwarten ist, offenbar Diebstahl, Raub und Missbrauch Vorschub leisten. Hobbes formuliert das noch radikaler. Friedfertigkeit und

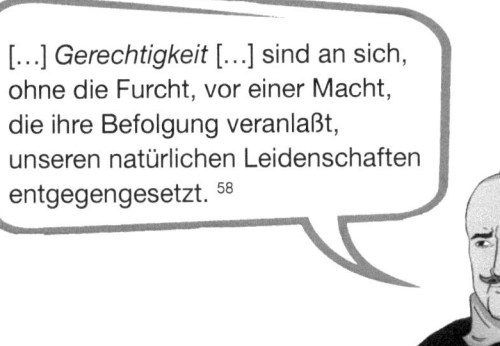

[...] *Gerechtigkeit* [...] sind an sich, ohne die Furcht, vor einer Macht, die ihre Befolgung veranlaßt, unseren natürlichen Leidenschaften entgegengesetzt. [58]

Wie zügellos sich Menschen verhalten, wenn die Zwangsmacht wegfällt, zeigt der polizeilich dokumentierte Schadensbericht vom großen Stromausfall in New York.

In der Millionenmetropole gingen am 13. Juli 1977 um 21.36 Uhr die Lichter aus. Auch Ampeln, Klimaanlagen, Aufzüge, Vorortzüge, U-Bahnen, Krankenhäuser hatten 25 Stunden lang keinen Strom. Neun Millionen Menschen saßen im Dunkeln. Die Folgen gleichen in erstaunlicher Weise dem Hobbesschen Naturzustand.

Marodierende Horden, Diebe und Gelegenheitskriminelle plündern über 1600 Geschäfte und legen mehr als 1000 Brände. Im Laufe der Nacht gehen zehntausende Menschen auf Beutezug. Eine Orgie der Gewalt erfasst die ganze Stadt. Der New Yorker

Bürgermeister verkündet den Ausnahmezustand und mobilisiert alles, was die Ordnungsmacht, oder wenn man so will, der „Leviathan", zur Aufrechterhaltung der Sicherheit noch aufbieten kann. 8000 Polizisten werden auf die brennenden Straßen geschickt und verhaften 3776 Menschen, doch die Gefängnisse sind schon nach kurzer Zeit völlig überfüllt und nicht mehr aufnahmefähig. 463 Polizisten werden zum Teil schwer verletzt, zwei Menschen sterben in den Flammen brennender Häuser. Die Polizei ist überfordert und muss schließlich zusehen, wie die Stadt im Chaos versinkt. Ein Journalist beschreibt den weiteren Ablauf folgendermaßen:

„Es ist Weihnachten!', brüllten die Plünderer. Sie rückten mit Schubkarren, Einkaufswagen und Kleinlastern an. Männer, Mütter, Teenager griffen sich alles, was nicht niet- und nagelfest war: Fernseher, Kühlschränke, Öfen, Lebensmittel, Windeln, Schmuck, Alkohol, Möbel, Medikamente. Selbst Kinder [...] wurden vom Klaurausch mitgerissen [...]. Ladenbesitzer bewaffneten sich mit Pistolen, Gewehren und Baseballschlägern, um ihre Existenz zu verteidigen. In der Bronx stahlen die Diebe 50 Autos im Wert von insgesamt 250.000 Dollar. Unweit davon verlor ein Möbelgeschäft Ware für 55.000 Dollar. In Bedford-Stuyvesant schnappten die Cops einen Mann mit 300 Spülbecken-Stöpseln [...]. Viele Plünderer wurden auf dem Heimweg selbst überfallen. ‚Dies ist die Nacht der Tiere', sagte ein Polizist." [59]

Man fühlt sich angesichts der Vorfälle in fataler Weise an den Hobbesschen Naturzustand erinnert:

Wo keine allgemeine Gewalt ist, ist kein Gesetz und wo kein Gesetz, keine Ungerechtigkeit [...]. Folge dieses Zustands ist, daß [...] jedem nur das gehört, was er erlangen kann, und zwar so lange, wie er es zu behaupten vermag. [60]

Tatsächlich kam es in New York zwischen Einzelpersonen, aber auch zwischen Gruppen zu Kämpfen um die Beute. Ein jeder versuchte dem anderen das Diebesgut streitig zu machen. Als die marodierenden Banden den Stadtteil Little Italy erreichten, rotteten sich die Männer der dortigen italienischen Mafia zusammen, riegelten ihr Viertel ab und schlugen die Banden zurück. Eine solche bewaffnete Selbstverteidigung der italienischen Stadtviertelmafia sowie der vielen kleinen Ladenbesitzer mit Baseballschlägern und Schusswaffen ist gemäß Hobbes durchaus verständlich und legitim, wenn die Staatsmacht die Sicherheit nicht mehr garantieren kann:

Falls keine Zwangsgewalt errichtet [...] oder diese für unsere Sicherheit nicht stark genug ist, wird und darf deshalb

jedermann sich rechtmäßig zur Sicherung gegen alle anderen Menschen auf seine eigene Kraft und Geschicklichkeit verlassen [...]. [61]

Es liegt zunächst nahe, angesichts der Vorfälle in New York, an den „Krieg aller gegen alle" und die „Wolfsnatur" des Menschen zu denken, die zur Entfaltung kommen, wenn die Ordnungsmacht wegfällt. Allerdings könnte man Hobbes entgegnen, dass trotz zehntausender Plünderer, die Mehrheit der neun Millionen New Yorker friedlich geblieben ist, also keine „Wolfsnatur" an den Tag gelegt hat. Auch sind die Unruhen nicht überall in New York, sondern in der Bronx und den sozial schwächeren Vierteln ausgebrochen.

Hobbes würde dies aber eher als Bestätigung seiner Auffassung sehen, wonach eine der drei Streitursachen im Naturzustand der „Kampf um knappe Güter" ist. Es erscheint folgerichtig, dass der Kampf dort zuerst ausbricht, wo die Güterknappheit am größten ist. Außerdem würde Hobbes wohl argumentieren, hätten sich auch die friedlichen und wohlhabenderen Bürger sehr bald bewaffnet und um ihre Sicherheit gekämpft, hätte der Staat nicht schon am anderen Morgen die Kontrolle wieder übernommen.

Das „Herr der Fliegen"-Motiv: Fallen wir ohne Staat in die Barbarei zurück?

Hobbes Warnung vor einem jederzeit möglichen Rückfall in den Naturzustand wurde auch von literarischer Seite aufgegriffen. Dreihundert Jahre nach der Niederschrift des *Leviathan* gelingt dem englischen Literatur-Nobelpreisträger William Golding mit dem Roman *Herr der Fliegen* ein Weltbestseller. Darin stürzt ein Flugzeug mit Internatsschülern ab, die sich auf eine einsame Insel retten können. Weit entfernt von jeder Zivilisation befinden sie sich im

„Naturzustand". Da keine Erwachsenen überlebt haben, wählen sie, wie sie es als zivilisierte Engländer gelernt haben, einen Anführer, der die Gruppe leiten und in Versammlungen Streitigkeiten schlichten soll. Doch in der Wildnis und der Einsamkeit der Insel tritt ein, was Hobbes so eindringlich formuliert hat:

Gerechtigkeit und Ungerechtigkeit [...] sind Eigenschaften, die sich auf den in der Gesellschaft, nicht in der Einsamkeit befindlichen Menschen beziehen. [62]

Auf der einsamen Insel verlieren die Schüler trotz ihrer guten Erziehung sehr schnell jeden Sinn für Gerechtigkeit. Der gewählte Anführer Ralph ist zwar charakterlich gut für seine Aufgabe geeignet und übernimmt zunächst die Führungsrolle mit Umsicht und Geschick. Doch sein Gegenspieler Jack, der sich selbst als geborenen Anführer sieht, empfindet die Wahl von Ralph als Geringschätzung seiner Person und sinnt auf Rache.

Im Rahmen der vereinbarten Arbeitsteilung geht Jack mit einigen Helfern auf die Jagd nach Wildschweinen und entwickelt solchermaßen als „Herr der Jäger" eine eigene Machtposition, während die anderen „nur" das Signalfeuer aufrechterhalten und Unterkünfte bauen. Schließlich ernennt sich Jack selbst zum Anführer und es kommt zum erbitterten Kampf um Macht und Ehre. Dabei versehen die Kinder ihre Gesichter mit Kriegsbemalungen und verwildern zusehends, bis es zu zwei Morden kommt.

Aus Angst laufen immer mehr Schüler zum brutalen und bewaffneten Jack über, bis Ralph als einziger übrigbleibt und sich des Ernstes seiner Lage bewusst wird: „Er versuchte sich einzureden, sie würden ihn gehen lassen, vielleicht sogar als Ausgestoßenen betrachten." [63] Doch dann überkommt ihn eine bittere Wahrheit: „Diese bemalten Wilden würden vor nichts Halt machen." [64]

Tatsächlich spüren ihn Jack und seine Jäger auf und treiben ihn in einer Hetzjagd an den Strand. Sie hätten ihn wohl auch getötet, wäre dort nicht ein englisches Schiff gelandet. Der Offizier in Uniform sieht staunend die Kriegsbemalung der Kinder und Jugendlichen. Er erfährt von den Morden und erkennt mit Entsetzen, was aus den Elite-Schülern geworden ist: „Ich hätte doch gedacht, daß eine Bande englischer Jungs – ihr seid doch alle Engländer oder? in der Lage wäre – was Besseres aufzuziehen als das da [...]." [65]

Goldings Robinsonade ist zwar nur eine fiktive Geschichte, doch zeigt sie episch eindrucksvoll, wie schnell wir die Zivilisation hinter uns lassen. Der Literaturkritiker der Frankfurter Allgemeinen Zeitung Karl Korn urteilt deshalb zurecht: „Poesie und bittere Wahrheit sind selten so eins, wie in diesem Buch." [66]

Das „Stanford-Prison-Experiment": Wie gehen wir mit Macht um, wenn alles erlaubt ist?

Während Goldings Robinsonade eine fiktive Geschichte ist, gibt das Stanford-Prison-Experiment von 1971 einen realen Einblick in das Verhalten von Menschen, die vorübergehend keiner Zwangsgewalt mehr ausgesetzt sind und in einem rechtsfreien Raum Entscheidungen treffen. Auch das Ergebnis dieses Experimentes ist besorgniserregend.

Die amerikanischen Psychologen Philip Zimbardo, Craig Haney und Curtis Banks rekrutierten an der

Universität Stanford 24 Studenten aus der Mittelschicht zur Erforschung des menschlichen Verhaltens unter Gefängnisbedingungen. Die eine Hälfte sollte zwei Wochen die Rolle der Wärter übernehmen und wurde dementsprechend mit Uniformen, Sonnenbrillen und Gummiknüppeln ausgestattet, die andere Hälfte die Rolle der Gefangenen. Diese Gruppe wurde entlaust und musste Krankenhausnachthemden mit Nummern, Nylonstrümpfe über dem Haar und schwere Ketten an den Füßen tragen. Als Gefängnis diente der umgebaute Keller der Universität.

Aufgabe der Wärter war es, Ausbrüche zu verhindern und die Ordnung im Gefängnis aufrechtzuerhalten. Sie hatten dabei aber die Freiheit, geeignete Regeln aufzustellen und alle Maßnahmen zu ergreifen, die ihnen notwendig erschienen.

Während die Versuchsteilnehmer anfangs noch zurückhaltend und unsicher ihre jeweiligen Rollen und Möglichkeiten als Wärter und als Gefangene ausprobierten, begann die Situation bereits am zweiten Tag zu eskalieren. Die Wärter ließen aufmüpfige Gefangene statt in die Flurtoilette nur noch in Eimer in ihren Zellen exkrementieren. Sie züchtigten sie mit kaltem Kohlendioxyd aus Feuerlöschern, die sie im Keller der Universität gefunden hatten. Wenn ein

Gefangener beim Zählappell auch nur gelächelt hat, wurde er angeschrien, zur Rede gestellt und drakonisch bestraft. Die Überreaktion der Wärter erfolgte aufgrund von realen und vermeintlichen Respektlosigkeiten, oder wie Hobbes sagen würde, der Ruhmsucht, oder der „Sucht einander die Überlegenheit zu beweisen":

Ruhmsucht [...] führt zu Übergriffen der Menschen [...] wegen Kleinigkeiten [...]. [67]

Es genügt dabei, so Hobbes, bereits

ein Wort, ein Lächeln [...] oder jedes andere Zeichen von Geringschätzung. [68]

Ab dem dritten Tag demütigten einige Wächter die Gefangenen durch Kleidungsentzug und bestraften jede kritische Bemerkung. Stressbedingt verließ ein Teilnehmer entnervt das Experiment. Ab jetzt musste der wissenschaftliche Leiter Zimbardo in seiner Rolle als „Anstaltsleiter" eingreifen, um reale Misshandlungen der Gefangenen zu verhindern. Dennoch erlitten weitere Gefangene emotionale Zusammenbrüche und mussten aus dem Experiment herausgenommen werden. Am sechsten Tag kam es schließlich zu derart massiven Übergriffen und körperlichen Züchtigungen, dass das gesamte Experiment umgehend abgebrochen wurde. Insbesondere in der Nacht, wenn die Kameras keine Bilder aufzeichnen konnten, hatten Wärter die Gefangenen in menschenverachtender Weise schikaniert.

Es gab zwar von wissenschaftlicher Seite auch Kritik an der Versuchsanordnung des Stanford-Prison-Experimentes. So hätte der psychologische Versuchsleiter Zimbardo neutral bleiben und nicht zugleich als Anstaltsleiter beteiligt sein dürfen. Auch hätten die Studenten unter Umständen weniger ihr eigenes Verhalten an den Tag gelegt, als spezielle Rollen ausgelebt, die sie aus einschlägigen Gefängnisfilmen kannten.

Dennoch bleibt festzustellen, dass die Misshandlungen, die zum vorzeitigen Abbruch des Experimentes geführt haben, zumindest ein Indiz dafür sind, dass Menschen nur schwer mit Macht umgehen können, wenn ihnen, wie den Wächtern im Gefängnis-Experiment, keine klar definierten Grenzen gesetzt werden:

> Denn jedermann sieht darauf, dass ihn sein Nebenmann ebenso schätzt [...] und auf alle Zeichen von Verachtung [...] hin ist er von Natur aus bestrebt, seinen Verächtern durch Schädigung und [...] durch das Exempel größere Wertschätzung abzunötigen. [69]

Der äußere und der innere Leviathan bei Hobbes und Freud

Große Rückendeckung bekommt Hobbes für seine Theorie auch durch die Psychoanalyse; namentlich durch ihren Begründer Sigmund Freud. Er bestätigt das Menschenbild von Hobbes eindrucksvoll und zitiert ihn sogar wörtlich: „Das gern verleugnete Stück Wirklichkeit [...] ist, daß der Mensch nicht ein sanftes, liebebedürftiges Wesen ist, das sich höchstens, wenn angegriffen, auch zu verteidigen vermag, sondern daß er zu seinen Triebbegabungen auch einen mächtigen Anteil von Aggressionsneigung rechnen darf. Infolgedessen ist ihm der Nächste nicht nur möglicher Helfer und Sexualobjekt, sondern auch eine Versuchung, seine Aggression an ihm zu befriedigen, seine Arbeitskraft ohne Entschädigung auszunützen, ihn ohne seine Einwilligung sexuell zu gebrauchen, sich in den Besitz seiner Habe zu setzen, ihn zu demütigen, ihm Schmerzen zu bereiten, zu martern und zu töten. Homo homini lupus; wer hat nach allen Erfahrungen des Lebens und der Geschichte den Mut, diesen Satz zu bestreiten? [...] Die Kultur muß alles aufbieten, um den Aggressionstrieben der Menschen Schranken zu setzen." [70]

In dieser Passage wird deutlich, dass Freud jenen Kerngedanken von Hobbes teilt, wonach nicht unsere Triebe das Zusammenleben sichern, sondern umgekehrt die Kultur alles aufbieten muss, um diese Triebe in Schranken zu halten. Allerdings hat Freud die Gesellschaftstheorie von Hobbes noch um ein sehr wichtiges Moment erweitert, um den sogenannten inneren „Leviathan". Denn für die Einhaltung der Kulturgebote sorgt, so Freud, nicht nur der äußere „Leviathan", also der Staat mit seinen Gesetzen und seiner Polizei, sondern vor allem eine Art innerer „Leviathan" in Form unseres Gewissens.

Und dieses Gewissen oder wie Freud es benennt, das „Über-Ich" kontrolliert uns ebenso streng mit seinen

Skrupeln und Selbstbestrafungsimpulsen, wie der Staat. Im Überich befinden sich nämlich, so Freud, alle moralischen Werte, Regeln, Überzeugungen und Tabus, die wir seit unserer frühen Kindheit angesammelt und gelernt haben. Das Über-Ich funktioniert sozusagen wie ein Statthalter des äußeren „Leviathans". Wir internalisieren die äußeren Zwänge und das Über-Ich übernimmt die Aufgabe des Zensors. Wenn wir beispielsweise den Satz „du sollst nicht stehlen" oder die Überzeugung, dass man „Eigentum respektieren" muss, nicht schon in unserem Über-Ich abgespeichert hätten, wäre die Zahl der Ladendiebstähle erheblich höher. Der äußere „Leviathan" mit seinen Ladendetektiven und der Polizei könnte niemals allen Delikten vorbeugen oder Einhalt gebieten, käme ihm nicht die internalisierte Selbstbeschränkung durch das Über-Ich zu Hilfe.

Freud ergänzt also die Hobbessche Grundkonstruktion ganz entscheidend. Doch genau wie Hobbes sieht er die Kulturverbote prinzipiell als notwendig an. Allerdings ist Freud gegenüber dem Ausmaß der Machtausübung des inneren und äußeren „Leviathans" erheblich kritischer gesinnt als Hobbes. In seinem berühmten Buch *Das Unbehagen in der Kultur* schreibt Freud, dass Verbote und Tabus zwar gebraucht werden, die Kultur uns aber oft mehr verbietet, als eigentlich notwendig und gesund wäre. Es besteht sogar die Gefahr, dass Menschen, die zu viele kulturelle Einschränkungen befolgen müssen, der Neurose verfallen.

Freud hat also den Staat und die kulturellen Tabus skeptischer gesehen als Hobbes. Interessant ist aber, dass der erfahrene Psychoanalytiker, der tagtäglich mit Patienten in Kontakt stand und sein Wissen aus direkter therapeutischer Erfahrung schöpfte, letztlich zu dem gleichen Ergebnis kommt wie Hobbes: Nicht die Primärtriebe sichern unser gesellschaftliches Zusammenleben, sondern deren Brechung durch die Zivilisation. So heißt es auch bei Freud: „Die Existenz dieser Aggressionsneigung, die wir bei uns selbst verspüren können, beim anderen mit Recht voraussetzen, ist das Moment, das unser Verhältnis zum Nächsten stört und die Kultur zu ihrem Aufwand nötigt."[71]

Der zeitlose Hobbes

Hobbes wurde 1588, gute 90 Jahre nach der Entdeckung Amerikas, geboren und ist somit noch ein Mensch der frühen Neuzeit. Mit seinen revolutionären Gedanken wandte er sich aber bereits radikal

gegen die Vorstellungen des Mittelalters. Als aller-
erster Philosoph wagte er es, der religiösen Überzeugung von der ursprünglich friedlichen Natur der
ersten Menschen Adam und Eva, die unschuldig im
Paradies lebten, zu widersprechen. Die Menschen,
so Hobbes, sind nicht, wie in der Bibel beschrieben,
nach Gottes Ebenbild erschaffene Wesen, die nur
aufgrund einer Versuchung das Paradies verloren haben und nach dem Tod wieder dorthin zurückkehren
werden.

Wir modernen Menschen müssen, so Hobbes, der
Wirklichkeit ins Auge sehen und das bedeutet: Wir
tendieren von unserer Natur her nicht zu paradie-
sischer Güte, Nächstenliebe und Altruismus, sondern eher zu Selbsterhaltung und persönlicher Nut-
zenmaximierung. Nur wenn wir uns diese Wahrheit
ehrlich eingestehen, können wir die notwendigen
Schlüsse und Konsequenzen für unser Zusammenleben ziehen.

Entgegen der Vorstellung des Gottesgnadentums, wonach ein von Gott auserwählter König regiert, haben
die Menschen bei Hobbes selbst die Aufgabe, ihre Regierung zu organisieren. Und an die Stelle des von Natur
her geselligen Lebewesens bei Aristoteles stellt Hobbes
erstmals das Modell des radikalen, bürgerlichen Individuums, dessen Interessen zu berücksichtigen sind.

Diese aufrührerischen Gedanken waren für seine Zeitgenossen viel zu radikal. Drei Jahre nach seinem Tod wurde sein Werk als gotteslästerlich zur Häresie erklärt und verboten. In einem feierlichen Akt verbrannten die Professoren und Studenten der Universität Oxford alle seine Bücher. Vergeblich – das Feuer konnte den Kerngedanken von Hobbes nicht mehr ausbrennen.

Das warnende Bild von der Wolfsnatur des Menschen hat sich in den folgenden Jahrhunderten tief in das kollektive Gedächtnis eingegraben. Und es ist kein Zufall, dass wir Hobbes so oft zitieren.

Was nutzt uns aber Hobbes heute noch? Ist sein Pessimismus zielführend oder doch zu negativ und frustrierend? Irgendwie ist man bei Hobbes hin- und hergerissen. So erging es auch einem seiner prominentesten Kritiker. Der französische Zeitgenosse Jean Jacques Rousseau war von Hobbes' Werk gleichermaßen fasziniert wie abgestoßen. In seinem Hauptwerk *Vom Gesellschaftsvertrag* schreibt er über Hobbes: „Nicht sosehr das, was schrecklich und falsch ist an seinem politischen Werk, sondern das, was alles wahr und richtig ist, hat es so verhasst gemacht." [72]

Mit seinem pessimistischen Menschenbild provoziert Hobbes bis heute. Die uralte philosophische

Frage, ob der Mensch, wie Aristoteles, Hegel oder Marx behaupten, von Natur aus „gut" und ein soziales bzw. ein Gattungswesen ist, oder eher ein vom Eigeninteresse geleiteter Individualist, wie es Hobbes, Nietzsche und Adam Smith nahelegen, kann an dieser Stelle nicht vertieft werden. Entscheidend ist aber hier weniger Hobbes' anthropologische Einschätzung als seine Schlussfolgerung.

Zum einen mahnt er uns zur Vorsicht, da wir ohne staatliche Ordnung jederzeit wieder in einen barbarischen Zustand zurückfallen können. Nach Hobbes trennt uns von unserer Wolfsnatur prinzipiell nur die Ebene der Gesetze. Der Historiker Hans Mommsen spricht in diesem Zusammenhang von der „dünnen Patina der Zivilisation" [73], die wir jederzeit durchstoßen und verlieren können. Das Wort Patina kommt aus dem Lateinischen bzw. Italienischen und heißt „dünne Haut". Wie dünn die Schicht der Zivilisation immer noch ist, zeigen u.a. die „ethnischen Säuberungen" mitten in Europa beim Zerfall Jugoslawiens.

Zum anderen – und das ist ebenso zeitlos – fordert uns Hobbes auf, den Staat als ein künstliches Gebilde zu betrachten, das wir selbst zu unserem Schutz erzeugen. Dieser einfache Gedanke war schon damals revolutionär und gilt bis heute. Mit seiner argumentationslogischen Trias von Naturzustand, Vertrag und Staat hat Hobbes die gesamte politische Theorie und das moderne Demokratieverständnis begründet.

„Der Staat sind wir" lautet bis heute das demokratische Selbstverständnis und Credo. Bei Hobbes zeigt es sich am sinnfälligsten im Titelbild seines „Leviathans". Der Staat besteht aus nichts anderem als aus uns, den vielen Bürgern. Wir erzeugen ihn, indem wir unser natürliches „Recht auf alles" abgeben zugunsten eines Souveräns oder einer Versammlung, die dann als einzige das Schwert in der Hand hält und für Recht und Ordnung sorgt.

Bei Hobbes hatte dieser Souverän allerdings noch absolute, geradezu diktatorische Vollmachten und musste sich gegenüber dem Volk lediglich zur Aufrechterhaltung der Sicherheit verpflichten. Doch von seinem Kerngedanken, dass der Souverän seine Macht einzig und allein dem Vertragsschluss des Volkes verdankt, war es nur noch ein kleiner Schritt bis zur darauffolgenden Forderung der französischen Revolutionäre: „Wer soll das Volk regieren, wenn nicht das Volk?".

Rousseau komplettierte Hobbes' Staatskonstruktion deshalb zu Recht um die Forderung nach der direkten „Herrschaft des Volkes"; Montesquieu wiederum um die Gewaltenteilung von Exekutive, Legislative und Judikative. Denn gemäß Montesquieu ist es absolut notwendig, dass auch der Souverän, sei es ein König oder eine gewählte Regierung, in seiner Macht beschränkt wird. Die Regierung kann und soll mit Ministern und Beamten das Volk regieren, darf aber nicht gleichzeitig ohne das Parlament Gesetze machen und muss sich zudem selbst dem Urteilsspruch unabhängiger Richter unterwerfen.

Dennoch bleibt Hobbes der eigentliche Pionier der modernen Staatstheorie. Denn er war es, der als erster die Behauptung in den Ring geworfen hat, dass staatliche Herrschaft nur dann legitim ist, wenn sie dem Interesse und der Selbstverpflichtung der Bürger entspringt. Denn von Natur aus ist jeder sein eigener Herr und muss daher selbst über sein Schicksal entscheiden. Damit war das freie Individuum der Neuzeit geboren.

Zitatverzeichnis:

1 Zitat, Thomas Hobbes, Leviathan, oder Stoff, Form und Gewalt eines kirchlichen und bürgerlichen Staates, hrsg. von Iring Fetcher, übers. von Walter Euchner, Suhrkamp Verlag, Berlin 1966, S. 97, Anm. 22, im Folgenden zitiert als „Leviathan"

2 Zitat, Vom Menschen – Vom Bürger, Elemente der Philosophie II/III, hrsg. von Günter Gawlick, übers. von Max Frischeisen-Köhler, Meiner Verlag, Hamburg 1977, S. 59, im Folgenden zitiert als „Vom Menschen – Vom Bürger"

3 Zitat, Leviathan, S. 512

4 Zitat, Leviathan, S. 512 f.

5 Zitat, Vom Menschen – Vom Bürger, Vorwort, S. 67

6 Zitat, Leviathan, 6. Kap., S. 39

7 Zitat, Leviathan, 6. Kap., S. 40

8 Zitat, Vom Menschen – Vom Bürger, 11. Kap., S. 24

9 Zitat, Leviathan, 11. Kap., S. 75

10 ebenda

11 Zitat, Vom Menschen – Vom Bürger, Vorwort, S. 69

12 Zitat, Vom Menschen – Vom Bürger, 1. Kap., S. 83

13 Zitat, Leviathan, Einleitung, S. 5

14 Ursprünglich stammt dieser vielzitierte und zumeist Hobbes zugeschriebene Satz ‚Homo homini lupus' gar nicht von ihm selbst. Hobbes hat ihn vom römischen Schriftsteller Titus Maccius Plautus aus dessen Komödie „Asinaria" aus dem zweiten vorchristlichen Jahrhundert übernommen und dann in verkürzter und zugespitzter Form weiterverwendet. Bei Plautus heißt es noch: „lupus est homo homini, non homo". Allerdings wäre der Satz längst in Vergessenheit geraten, hätte Hobbes ihn nicht in seinem Leviathan einer breiten Leserschaft zugänglich gemacht.

15 Zitat, Leviathan, Kap. 13, S. 95

16 Zitat, Leviathan, Kap. 13, S. 98

17 Zitat, Leviathan, Kap. 13, S. 96

18 Zitat, Leviathan, Kap. 13, S. 97

19 Zitat, Leviathan, Kap. 13, S. 95

20 ebenda

21 Zitat, Vom Menschen – Vom Bürger, Kap. 10, S. 17

22 Zitat, Leviathan, Kap. 11, S. 75

23 Zitat, Leviathan, Kap. 13, S. 95

24 Zitat, Leviathan, Kap. 13, S. 96

25 Zitat, Leviathan, Kap. 13, S. 94

26 ebenda

27 Zitat, Leviathan, Kap. 13, S. 94 f.

28 Zitat, Leviathan, Kap. 13, S. 96

29 Zitat, Leviathan, Kap 13, S. 95

30 Zitat Leviathan, Kap. 13, S. 96

31 ebenda

32 Zitat, Aristoteles, Politik, übers. und hrsg. von Franz F. Schwarz, Reclam Verlag, Stuttgart 1989, 1252 b, S. 78

33 Zitat, Leviathan, Kap. 17, S. 133

34 ebenda

35 ebenda

36 Zitat Leviathan, Kap 17, S. 134

37 Zitat Leviathan, Einleitung, S. 5

38 Zitat, Vom Menschen – Vom Bürger, 1. Kap, S. 82 f.

39 Zitat Leviathan, Kap 14, S. 100

40 ebenda

41 Zitat Leviathan, Kap. 15, S. 122

42 Zitat Leviathan, Kap. 17, S. 131

43 ebenda

44 Zitat Leviathan, Kap. 17, S. 134

45 ebenda

46 Zitat, Leviathan, Kap. 17, S. 131

47 Zitat, Leviathan, Kap. 13, S. 98

48 Zitat Leviathan, Kap. 17, S. 134

49 Zitat, Leviathan, Kap. 13, S. 97

50 Zitat, Leviathan, Titelbild von 1651. Am Ende des Satzes wird noch in einem Buchstaben- und Zahlenkürzel das Buch Hiob der Bibel als Quelle genannt: „Non est potestas Super Terram quae Compare tur ei. Job.41.24." An der von Hobbes angegebenen Bibelstelle geht es um das Ungeheuer Leviathan, das Hobbes eben deshalb als Namensgeber für seinen Idealstaat ausgesucht hat, da es die größte mögliche Macht auf sich versammelt hat.

51 Zitat, Leviathan, Kap. 21, S. 171

52 Zitat, Thomas Hobbes, Naturrecht und allgemeines Staatsrecht in den Anfangsgründen, Wissenschaftliche Buchgesellschaft, Darmstadt 1983, S. 145

53 Zitat, Leviathan, Kap. 26, S. 204

54 ebenda

55 Zitat, Leviathan, Kap. 20, S. 162

56 Zitat, Leviathan, Kap. 13, S. 97

57 Zitat, Thomas Hobbes, Vom Körper, Elemente der Philosophie I, übers. von Max Frischeisen-Köhler, Meiner Verlag, Hamburg 1967, 1. Teil, Kap. 1, S. 10

58 Zitat, Leviathan, Kap. 17, S. 131

59 Zitat, Mark Pitzke, Blackout von 1977, New Yorks dunkelste Nacht, Artikel aus dem Wochenmagazin Spiegel Online, 13.07.2007, S. 2

60 Zitat, Leviathan, Kap. 13, S. 98

61 Zitat, Leviathan, Kap. 17, S. 131

62 Zitat, Leviathan, Kap 13, S. 98

63 Zitat, William Golding, Herr der Fliegen, Fischer Verlag, Frankfurt a.M. 1974, S. 208, im Folgenden zitiert als „Herr der Fliegen"

64 Zitat, Herr der Fliegen, S. 208

65 Zitat, Herr der Fliegen, S. 228

66 Zitat, Karl Korn, Frankfurter Allgemeine Zeitung, abgedruckt auf dem Rückcover von ‚Herr der Fliegen'

67 Zitat, Leviathan, Kap. 13, S. 95f

68 ebenda

69 Zitat, Leviathan, Kap.13, S. 95

70 Zitat, Sigmund Freud, Das Unbehagen in der Kultur, Fischer Verlag, Frankfurt a.M. 1979, S. 148 f., im Folgenden zitiert als „Unbehagen in der Kultur"

71 Zitat, Unbehagen in der Kultur, S. 149

72 Zitat, Jean Jacques Rousseau, Du contract social ou principes du droit politique, hrsg. von Henri Guillimin, Paris 1973, Buch 4, Kap. 8, S. 213, im Orginaltext: „Ce n'est pas tant ce qu'il y a d'horrible et de faux dans sa politique, que ce qu'il y a de juste et de vrai, qui l'a rendue odieuse."

73 Zitat, Hans Mommsen, Die dünne Patina der Zivilisation, in: Die Zeit, Hamburg, Nr. 36 vom 30. 8. 1996, S. 14 f.

In dieser Reihe erschienen:

Walther Ziegler
Adorno in 60 Minuten
1. Auflage: Oktober 2017
96 Seiten, Paperback, € 9,99
ISBN 9783-7-4486-463-3

Walther Ziegler
Arendt in 60 Minuten
1. Auflage: August 2018
120 Seiten, Paperback, € 9,99
ISBN 9783-7-5288-843-0

Walther Ziegler
Camus in 60 Minuten
1. Auflage: April 2015
84 Seiten, Paperback, € 9,99
ISBN 978-3-7347-8170-4

Walther Ziegler
Freud in 60 Minuten
1. Auflage: April 2015
96 Seiten, Paperback, € 9,99
ISBN 978-3-7347-8024-0

Walther Ziegler
Habermas in 60 Minuten
1. Auflage: März 2017
128 Seiten, Paperback, € 9,99
ISBN 978-3-7431-8732-0

Walther Ziegler
Hegel in 60 Minuten
1. Auflage: April 2015
128 Seiten, Paperback, € 9,99
ISBN 978-3-7347-8128-5

Walther Ziegler
Heidegger in 60 Minuten
1. Auflage: April 2015
108 Seiten, Paperback, € 9,99
ISBN 978-3-7347-8169-8

Walther Ziegler
Hobbes in 60 Minuten
1. Auflage: Januar 2019
84 Seiten, Paperback, € 9,99
ISBN 978-3-7481-0127-7

Walther Ziegler
Kant in 60 Minuten
1. Auflage: April 2015
144 Seiten, Paperback, € 9,99
ISBN 978-3-7347-8172-8

Walther Ziegler
Marx in 60 Minuten
1. Auflage: April 2015
112 Seiten, Paperback, € 9,99
ISBN 978-3-7347-8154-4

Walther Ziegler
Nietzsche in 60 Minuten
1. Auflage: Oktober 2017
152 Seiten, Paperback, € 9,99
ISBN 978-3-7448-6482-4

Walther Ziegler
Rawls in 60 Minuten
1. Auflage: Januar 2019
104 Seiten, Paperback, € 9,99
ISBN 978-3-7528-4912-7

Walther Ziegler
Rousseau in 60 Minuten
1. Auflage: April 2015
112 Seiten, Paperback, € 9,99
ISBN 978-3-7347-2555-5

Walther Ziegler
Sartre in 60 Minuten
1. Auflage: April 2015
116 Seiten, Paperback, € 9,99
ISBN 978-3-7347-8156-8

Walther Ziegler
Schopenhauer in 60 Minuten
1. Auflage: Januar 2018
139 Seiten, Paperback, € 9,99
ISBN 978-3-7448-6463-3

Walther Ziegler
Smith in 60 Minuten
1. Auflage: April 2015
100 Seiten, Paperback, € 9,99
ISBN 978-3-7347-8157-5

Walther Ziegler
Platon in 60 Minuten
1. Auflage: April 2015
112 Seiten, Paperback, € 9,99
ISBN 978-3-7347-8158-2

Walther Ziegler
Wittgenstein in 60 Minuten
1. Auflage: April 2018
116 Seiten, Paperback, € 9,99
ISBN 978-3-7460-8226-4

Demnächst in dieser Reihe:

Walther Ziegler
Foucault in 60 Minuten

Walther Ziegler
Popper in 60 Minuten

Große Denker in 60 Minuten

Sämtliche Bücher der Reihe sind auch gebunden als Hardcover im gleichen Verlag erschienen.

Der Autor:

Dr. Walther Ziegler hat Philosophie, Geschichte und Politik studiert. Als Auslandskorrespondent, Reporter und Nachrichtenchef des Fernsehsenders ProSieben produzierte er Filme auf allen Kontinenten. Seine Reportagen wurden mehrfach preisgekrönt. Seit 2007 bildet er in München junge TV-Journalisten aus und leitet die Medienakademie auf dem Gelände der Bavaria Film, eine Hochschulbildungseinrichtung für Film- und Fernsehstudiengänge. Er ist zugleich Autor zahlreicher philosophischer Bücher. Als langjährigem Journalisten gelingt es ihm, das komplexe Wissen der großen Philosophen spannend und verständlich darzustellen.